Inhalt

Recruitingstrategien - Unternehmen professionalisieren ihre Mitarbeitersuche - notgedrungen

Kernthesen

Beitrag

Fallbeispiele

Weiterführende Literatur

Impressum

Recruitingstrategien - Unternehmen professionalisieren ihre Mitarbeitersuche - notgedrungen

Harald Reil

Kernthesen

- Der "War for Talents" verschärft sich, und zwar weltweit. Einer Studie zufolge haben rund 50 Prozent der Unternehmen rund um den Globus Probleme, geeignetes Personal zu finden.
- Dabei können Firmen mittlerweile aus einer ganzen Reihe unterschiedlicher On- und Offline-Kanäle wählen, um neue Mitarbeiter an Bord zu holen.

- Mithilfe sogenannter E-Recruiting-Software-Lösungen lassen sich die verschiedenen Maßnahmen sogar bündeln. Das spart Zeit und senkt die Kosten.
- Dank des exzellenten Rufes mancher Firmen - eine Folge der Arbeit einer hervorragenden Personalabteilung - gehen hoch qualifizierte Mitarbeiter sogar in die Pampa.
- In punkto Recruitingstrategien für Frauen in Führungspositionen hat die Mehrzahl der Unternehmen allerdings noch gewaltig Nachholbedarf.

Beitrag

Der "War for Talents" ist im vollen Gang

Not macht erfinderisch: Der demografische Wandel zwingt Unternehmen dazu, neue Wege zu beschreiten, um an heiß begehrtes Personal zu gelangen. Der "War for Talents" ist im vollen Gang. Die Suche nach dem geeigneten Mitarbeiter spielt sich dabei zunehmend im Web 2.0 ab. Social-Media-Plattformen oder auch Job-Apps sollen dabei helfen, rar gewordene Top-Kräfte zu finden. Daneben spielen zum Beispiel " Employer Branding", Jobmessen, Events, Spiele, Kooperationen mit Hochschulen, der Einsatz von Personalvermittlern sowie das so genannte "Talent Relationship Management" - ein Versuch, qualifiziertes Personal frühzeitig auf das Unternehmen aufmerksam zu machen und für sich zu gewinnen - bei den Recruitingstrategien eine immer größere Rolle. Das gilt für Konzerne sowie kleine und mittlere Unternehmen gleichermaßen; und nicht nur in Deutschland, wie eine Untersuchung der Personalberatungs- und -vermittlungsgesellschaft Michael Page erst unlängst gezeigt hat. Ihr zufolge wollen 86 Prozent der Unternehmen, die für die Studie Rede und Antwort standen, zwar gerne neue Mitarbeiter einstellen, doch die Hälfte gab gleichzeitig zu Protokoll, dass sie bei der Kandidatenfindung Probleme hätten. (1), (2), (3), (4), (6)

E-Recruiting-Software hilft bei der Professionalisierung der Mitarbeitersuche

Angesichts dieser Situation ist es kein Wunder, dass Unternehmen nicht nur eine Vielzahl verschiedener Kanäle anzapfen, um aus dem immer kleiner werdenden Pool vielversprechender Talente den oder die geeigneten Kandidaten zu finden, sondern dass sie ihre Suche auch professionalisieren - das heißt, sie bündeln ihre Online- und Offline-Aktionen. Als unverzichtbares Instrument hat sich dabei die sogenannte E-Recruiting-Software herauskristallisiert, die den Human-Resources-Abteilungen der großen Unternehmen erlaubt, zuallererst einmal den Überblick über den Bewerbermarkt zu bewahren. Daneben gibt es aber noch eine ganze Reihe weiterer Vorteile, die diese Software so nützlich machen. Dazu gehören die Senkung der Kosten bei der Personalsuche, eine optimierte Planung, der Aufbau eines smarten Netzwerkes zwischen den Fachabteilungen, der Verzicht auf Papier, ein vereinfachtes Termin-Management sowie eine Unterstützung der Bewerberauswahl durch Assessment-Center. (5)

Stimmt der Ruf, gehen Mitarbeiter sogar in die Pampa

Ein anderer Weg, um hoch qualifizierte Mitarbeiter zu gewinnen beziehungsweise bewährtes Personal zu halten, ist die Arbeit am eigenen Ruf. Neben einer adäquaten Bezahlung, Jobsharing-Modellen und Firmenkitas zählen dazu auch exzellente Ausbildungs-, Trainee- und

Weiterbildungsprogramme, die im Idealfall auch ein internationales Bewerberpublikum überzeugen. Stimmt das Gesamtpaket, dann lassen sich tatsächlich auch Top-Leute aus dem Ausland in die Pampa locken. (7)

Planlos: keine Strategie bei der Rekrutierung von Managerinnen

Wenn auch alle Anzeichen darauf deuten, dass Unternehmen sich anstrengen, ihre Kandidatensuche zu optimieren, so scheinen sie in punkto Rekrutierung von Frauen, die Führungspositionen besetzen können, noch gewaltig Nachholbedarf zu haben. Oder kürzer formuliert: Besondere Strategien, um Managerinnen ins Unternehmen zu holen, lassen sich kaum erkennen. Zu diesem Schluss kommt zumindest eine Untersuchung, die das Personalberatungsunternehmen Mercer unter dem Titel "Womens Leadership Development Survey" veröffentlicht hat. Grundlage der Studie war eine Befragung von Fachleuten aus 450 europäischen Firmen. Bekräftigt wird diese Strategielosigkeit, was die Gewinnung von Mitarbeiterinnen anbelangt, von einer anderen Untersuchung, für die die Boston Consulting Group (BCG) Experten aus 44 internationalen Konzernen interviewte. Zwei der wichtigsten Ergebnisse: Nur 20 Prozent der

Großunternehmen haben eine eigene Recruitingstrategie für Frauen entwickelt. Lediglich 25 Prozent bieten Jobsharing-Modelle für Mitarbeiter in Führungspositionen an. Publiziert hat die Boston Consulting Group ihre Studie unter dem Namen "Shattering the Glass Ceiling". (9)

Trends

Die Braut putzt sich heraus

Wenn sich ein Trend für Recruitingstrategien abzeichnet, dann dieser: Unternehmen werden mehr und mehr alle nur verfügbaren Online- und Offline-Kanäle nutzen, um potenzielle Mitarbeiter zu überzeugen. Sie werden ihre Personalsuche notgedrungen auch zunehmend professionalisieren müssen, um im harten Kampf um Fachkräfte zu punkten. Viel mehr als früher wird auch das Motto gelten: Die Braut putzt sich heraus, um sich dem "Heiratskandidaten" so attraktiv wie möglich zu präsentieren. Dazu gehören neben einem guten Gehalt auch attraktive Zusatzleistungen wie Jobsharing-Modelle oder betriebliche Kitaplätze. Die Qualität der Aus- und Weiterbildung wird im Kampf um Fachpersonal ebenfalls entscheidend werden. Dass sich der "War for Talents" vor allem in

Deutschland dramatisch verschärfen wird, liegt auf der Hand. Die demografische Entwicklung spricht eine deutliche Sprache. Wenn es nicht mehr genügend gebürtige Deutsche gibt, um dem Hunger der Unternehmen nach hoch qualifizierten Mitarbeitern zu stillen, werden sie ihre Recruitinganstrengungen schon bald über die Grenzen des Landes ausdehnen müssen, damit sie im internationalen Konkurrenzkampf auch weiterhin bestehen können. (7), (10)

Mit "Serious Games" auf Mitarbeitersuche

Die Recruiting-Firma Hays versucht, mit "Serious Games" geeignete Kandidaten für die Personalberatung zu finden. Noch aber setzt das Unternehmen das Online-Spiel nur in Großbritannien ein. Ob es für den deutschsprachigen Raum ebenfalls taugt, wird noch geprüft. (4)

Fallbeispiele

Otto und Daimler gehen mit der Zeit

Otto tuts und Daimler tuts auch. Die beiden deutschen Traditionsunternehmen gehen mit der Zeit und zapfen für ihre Azubisuche die sozialen Netzwerke an oder nutzen andere Entwicklungen der modernen Informationstechnologie. Der Gedanke, der dahinter steckt, ist einfach: Man holt die jungen Menschen am besten dort ab, wo sie sich bevorzugt aufhalten und nutzt jene Gimmicks, die sie auch in ihrer Freizeit nutzen. Otto lässt zum Beispiel ausgelernte Azubis mit potenziellen Nachfolgekandidaten auf den einschlägigen Social-Media-Plattformen kommunizieren, damit sich diese unter anderem ein Bild von der Vielzahl der Ausbildungsmöglichkeiten bei dem Versandhändler machen können. Daimler hat eine App namens "Daimler Jobs" entwickelt, mit deren Hilfe sich potenzielle Bewerber über freie Stellen informieren können. Für Peter Berg, der bei Daimler den Bereich "Global Talent Acquisition & Development" verantwortet, ist die kostenlose App ein wesentliches Standbein der Marketing- und Recruitingstrategie im Internet. (1)

KarriereLounge im Kampf um kreative Köpfe

Peek & Cloppenburg hat eine KarriereLounge eingerichtet, um neue Mitarbeiter für das

Unternehmen zu gewinnen. In betont zwangloser Atmosphäre soll sich dort der potenzielle Unternehmensnachwuchs von der Attraktivität der Modehauskette als Arbeitgeber überzeugen können. (2)

Hochschulkooperationen zur Mitarbeitergewinnung

Die SIG Combibloc Group mit Sitz in Wittenberg arbeitet intensiv mit Hochschulen zusammen, um neue Talente für das Unternehmen anzulocken. Da diese Schulen auf den Forschungsgebieten, die für SIG Combiblock interessant sind, Hervorragendes leisten, ist nicht nur sichergestellt, dass durch diese Kooperationen innovative Produkte entwickelt werden; die Firma knüpft auch erste Kontakte mit jungen Top-Leuten, die sie später an sich binden kann. (6)

Sick AG glänzt mit vorbildlicher Personalarbeit

Die Sick AG, die im rund 20 000 Einwohner zählenden Städtchen Waldkirch ansässig ist, weiß, worauf es bei der Personalrekrutierung und -pflege ankommt. Das ist auch dringend nötig, da das Unternehmen nicht gerade mit einem attraktiven Standort punkten kann. Dennoch gelingt es dem Produzenten von Sensoren für Industrienanwendungen, pro Jahr rund 300 neue Fachkräfte in die baden-württembergische Provinz zu locken. Ein wesentlicher Grund für diese erfolgreiche Rekrutierungsstrategie sind die hervorragenden Ausbildungs-, Trainee- und Weiterbildungsprogamme, die international ausgerichtet sind und sowohl Kurse in der hauseigenen Sick-Akademie als auch externe Schulungen beinhalten. Die lässt sich das Unternehmen auch jede Menge kosten. 2011 investierte der Konzern rund sieben Millionen Euro in die Fortbildung seines Human-Kapitals. Das Personal scheint davon recht angetan. Ebenfalls 2011 nahmen 3 658 Mitarbeiter an den diversen Kursen und Seminaren teil; bei einer Belegschaft von rund 6 300 Köpfen (Stand: Ende Dezember 2012) ist das wahrlich kein schlechter Schnitt. Ebenfalls beeindruckend ist die niedrige Fluktuationsrate: Sie liegt gerade mal bei einem Prozent. (7)

Praxisseminar: Recruiting-Tipps für Hoteliers

In Österreich bot die ÖHV Touristik Service GmbH vor wenigen Monaten eigens ein Seminar an, das

Hoteliers dabei helfen sollte, geeignete Mitarbeiter für die Saison 2013 zu rekrutieren. Hintergrund: Trotz der Öffnung des Arbeitsmarktes sucht die Branche noch immer händeringend nach Fachkräften. In dem eintägigen Workshop erklärten Personalbeschaffer, was unter "Employer Branding" zu verstehen ist, wie sich eine Mitarbeitermarke aufbauen lässt oder welche Kommunikationsstrategien sich besonders dafür eignen, um Touristikfachleute zu Bewerbungen zu bewegen. (8)

Weiterführende Literatur

(1) Azubi-Suche im Web 2.0
aus DIE WELT, 26.04.2013, Nr. 97, S. 13

(2) Die Besten finden
aus Trend 04/2013-trendFormat vom 2013-03-25, Seite e25

(3) Gesucht und gefunden // Viele Unternehmen besetzen offene Stellen mit Hilfe von Personalvermittlern. Das gilt nicht nur für Fach- und Führungskräfte, sondern immer öfter auch für Berufseinsteiger - eine Chance
aus Der Tagesspiegel Nr. 21640 VOM 24.03.2013 SEITE K02

(4) Sie wollen doch nur spielen
aus Kurier (Österreich) vom 29.09.2012, Seite K2

(5) Online Recruiting Experience
aus Die Bank, Heft 09/2012, S. 82-84

(6) Wie kommt die Branche an geeignetes Personal?
aus PACKREPORT Nr. 01-02 vom 28.02.2012 Seite 044 bis 045

(7) Optimale Personalarbeit - Mit sensorischer Intelligenz
aus Arbeit und Arbeitsrecht, Heft 02/2013, S. 100-102

(8) Lernen Sie die gesamte Klaviatur des Mitarbeitermanagements zu spielen
aus OTS-ORIGINALTEXT vom 09.10.2012, 10:29:44

(9) Stückwerk Frauenförderung
aus "Der Standard" vom 09.03.2013 Seite: 1

(10) Aufstieg mit Hindernissen
aus Süddeutsche Zeitung, 14.03.2013, Ausgabe München, Bayern, Deutschland, S. 31

Impressum

Recruitingstrategien - Unternehmen professionalisieren ihre Mitarbeitersuche - notgedrungen

Bibliografische Information der deutschen Nationalbibliothek

Die Deutsche Nationalbibliothek verzeichnet diese Publikation in der deutschen Nationalbibliografie; detaillierte bibliografische Daten sind im Internet über http://dnb.d-nb.de abrufbar.

ISBN: 978-3-7379-1300-3

© 2015 GBI-Genios Deutsche Wirtschaftsdatenbank GmbH, Freischützstraße 96, 81927 München, www.genios.de

Alle Rechte vorbehalten. Dieses Werk ist einschließlich aller seiner Teile – z.B. Texte, Tabellen und Grafiken - urheberrechtlich geschützt. Jede Verwertung außerhalb der Grenzen des Urheberrechtsgesetzes bedarf der vorherigen Zustimmung des Verlags. Dies gilt insbesondere auch für auszugsweise Nachdrucke, fotomechanische Vervielfältigungen (Fotokopie/Mikroskopie), Übersetzungen, Auswertungen durch Datenbanken oder ähnliche Einrichtungen und die Einspeicherung und Verarbeitung in elektronischen Systemen.